Inhalt

Steuer-Sparmodelle - Investoren und Finanziers versuchen die letzten Möglichkeiten zu nutzen

Kernthesen

Beitrag

Fallbeispiele

Weiterführende Literatur

Impressum

GENIOS WirtschaftsWissen Nr. 09/2005 vom 12.09.2005

Steuer-Sparmodelle - Investoren und Finanziers versuchen die letzten Möglichkeiten zu nutzen

M. Westphal

Kernthesen

- Das deutsche Steuersystem wird reformiert, mit weitreichenden Konsequenzen für die deutsche Investment- und Finanzierungsszene.
- Derzeit ist eine Abschlussrallye zu verzeichnen von Fondsanbietern, die

letztmalig erfolgreich Medien-, Schiffs-, Immobilien- und Solarenergie-Fonds auflegen möchte.
- Die potenziellen Investoren sollten sich nicht nur von den Steuer sparenden Aspekten leiten lassen, sondern insbesondere auch auf die Rendite der Fonds achten.

Beitrag

Im Zuge der Bestrebungen zur grundsätzlichen Reform des deutschen Steuersystems sind von den Parteien wesentliche Änderungen für Fonds-Investments geplant, die weitreichende Konsequenzen für die Anleger und damit letztendlich für die Finanzierung von großen Projekten in Immobilien, Schiffe, Medien und Solaranlagen haben.

Die Politik will das Steuersystem mit Maßnahmen reformieren, die weitreichenden Einfluss auf die deutsche Investment- und Finanzierungsszene haben werden

Die anhaltende Diskussion über eine mögliche Erhöhung der Mehrwertsteuer im Falle eines Wahlsieges der Union lässt eine andere steuerpolitische Änderung im Wahlprogramm von CDU/CSU in den Hintergrund treten.
Die Steuer sparenden Verlustzuweisungen aus geschlossenen Fonds sollen so schnell wie möglich beendet werden. So werden die Interessenten insbesondere an Medien-, Schiffs-, Windkraftfonds und anderen geschlossenen Beteiligungsmodellen, die hohe Verlustzuweisungen vorsehen, zu einem schnellen Investment gezwungen. Denn spätestens ab November sind wohl die Zeiten der Verlustzuweisungsmodelle endgültig vorbei. So erhält ein Investor mit Spitzensteuersatz bei einem Engagement in Höhe von 50 000 Euro an einem Medienfonds bei einer Verlustzuweisung von 100 Prozent inklusive Solidaritätszuschlag rund 22 000 vom Staat erstattet. (8)
Allerdings herrscht bei den potenziellen Investoren eine gewisse Verunsicherung vor, denn die rot-grüne Bundesregierung würde die Steuervorteile für Verlustzuweisungen aus Fonds am liebsten rückwirkend aberkennen. Lange galt der 04. Mai 2005 als Stichtag, bis zu dem sich Anleger letztmalig beteiligen können. So gibt es derzeit auf dem Markt auch nur etwa zehn Angebote von erfahrenen Anbietern. Konzepte liegen zwar in den Schubladen, die Prospekte sind aber noch nicht gedruckt.

Ein weiteres Problem stellt für Fonds-Initiatoren die Bundesanstalt für Finanzdienstleistungsaufsicht (Bafin) dar, die derzeit einige Fonds-Konzepte prüft aber eben noch keine Freigabe erteilt hat. So dürfen seit Juli nur noch Konzepte auf dem Markt angeboten werden, deren Prospekte bestimmte formale Anforderungen erfüllen und die von der Bafin ausdrücklich zum Vertrieb freigegeben worden sind. (8)

Die durch die vorgezogene Bundestagswahl "unfreiwillig" eingeräumte Gnadenfrist für Fonds mit Verlustzuweisungen nutzen Fondsinitiatoren für einen Schlussverkauf. Um der unterschiedlichen Risikoneigung der Anleger gerecht zu werden, gibt es im Angebot auch Fonds, die über eine Bankgarantie die Rückzahlung der Einlage nach 18 Jahren sicherstellen. (7)
Neben der Höhe der Verlustzuweisungen sollten Anleger gerade während dieser Abschlussrallye aber auch sehr genau auf die Rentabilität des eigentlichen Geschäftsmodelles des Fonds achten, da davon auszugehen ist, dass auch noch einige neue und unter Umständen unseriöse Anbieter diese letzte Chance nutzen werden. (8)

Immobilien-Fonds in Deutschland

sind als Investment-Option nur bedingt attraktiv

Da in Deutschland die Steuervorteile für Anlagen in Immobilieninvestments nahezu auf Null abgeschmolzen sind, orientieren sich viele Anleger an Fonds im Ausland.
Die Gründe hierfür liegen zum einen in zu erwartenden Renditen, die um bis zu zwei Prozent höher liegen als in Deutschland. Zum anderen sind diese nahezu steuerfrei. Aufgrund der Doppelbesteuerungsabkommen zwischen vielen Staaten sind die Ausschüttungen von Beteiligungen von 25 000 bis 30 000 Euro vor Ort ganz steuerfrei.
Das Hin und Her im Finanzministerium trägt zusätzlich zur Verunsicherung der Investoren bei. (9)

Eine Sonderstellung nehmen Immobilien-Spezialfonds ein. Bei diesen bringt ein Unternehmen eine eigene Immobilie ein, andere Investoren werden beteiligt. Der einbringende Investor möchte weiterhin von "seiner" Immobilie profitieren.
Sofern der Investor nach IAS/IFRS bilanziert, muss er darauf achten, dass eine Konsolidierung des Engagements zu einem erheblichen Mehraufwand an Controlling führt. Die Konsolidierung ist verpflichtend durchzuführen, sofern eine wirtschaftliche Kontrolle über den entsprechenden

Fonds besteht, was nach Einschätzung von Wirtschaftsprüfern bei einem Fondsanteil von 20 Prozent vermutet wird. (6)

Für Investoren in geschlossene deutsche Immobilienfonds aus den vergangenen Jahren gibt es ein böses Erwachen

Viele Investoren, die in den vergangenen Jahren in geschlossene Immobilienfonds investiert haben, stehen heute vor einem Scherbenhaufen. Das hohe Investment in ostdeutsche Immobilien ist von Ausfällen in Dimensionen betroffen, die man sich vor zehn Jahren nicht vorstellen konnte.
Die Ursache war die Steuersparolympiade der vergangenen Jahre. Verlustzuweisungen, Forderungsabschreibungen, Mietsubventionen sind nur einige der wirtschaftspolitischen Fehlsteuerungen, aus denen resultierte, dass die Rendite eines Objektes zur Nebensache verkam. Die meisten dieser Fonds rechneten sich alleine über die Steuer. Das Auslaufen langfristiger und deutlich überteuerter Mietverträge, das Ende staatlicher Zuschüsse und der auf dem deutschen Immobilienmarkt lastende Druck aufgrund schlechter

Konjunktur, lässt aus den einstigen Steuersparmodellen inzwischen Vermögensgräber werden. (3)

Aber was passiert, wenn ein geschlossener Fonds in eine Schieflage gerät?

Das Problem eines notleidenden geschlossenen Fonds besteht darin, dass die Anleger im Prinzip Mitunternehmer sind. Nur so sind die steuersparenden Verlustzuweisungen von 300 Prozent der Anlagesumme möglich. Aber so hat jeder Zeichner eines solchen Fonds nicht nur die Rechte, sondern auch die Pflichten eines Mitunternehmers zu tragen. Zum einen kann es dazu führen, dass das gesamte Eigenkapital des Fonds aufgebraucht und dann als Investition komplett abgeschrieben wird. Zum anderen können im Falle einer Fremdfinanzierung des Fonds (und diese beträgt in der Regel 40 50 Prozent) die Kredite rasch zu einer Last für die Anleger werden, denn sie kann in einer Nachschusspflicht der Anleger resultieren.
Im Falle einer Insolvenz eines solchen Fonds entsteht aufgrund der bei einer Zwangsversteigerung erzielten schlechten Verkaufserlöse, eine Deckungslücke, für

die im schlimmsten Falle die Anleger gerade stehen müssen.

Die Folgen für die Investoren sind großenteils abhängig von der gewählten Rechtsform des Fonds. Ist eine Gesellschaft bürgerlichen Rechts gewählt worden, stehen die Gesellschafter für die gesamten Schulden der Gesellschaft gerade. Als Gesellschafter einer solchen Personengesellschaft könnten die Banken auf die liquidesten Gesellschafter zugehen und bei denen ihre Forderungen eintreiben. Diese könnten dann in einem zweiten Schritt versuchen, im Innenverhältnis anteilig ihre Mitgesellschafter zu belasten.

Sofern der Fonds als GmbH&Co. KG organisiert ist, ist das Risiko der Anleger auf die Höhe ihrer Einlage begrenzt. Allerdings kann es passieren, dass erhaltene Ausschüttungen zurückgezahlt werden müssen, sofern diese nicht aus Gewinnen des Fonds resultieren.

Im Falle der Organisation als OHG haftet jeder Anleger mit seinem gesamten Privatvermögen. (3)

Schiffsbeteiligungen erscheinen vielen Investoren derzeit sehr interessant

Der Markt für Schiffsbeteiligungen boomt derzeit aufgrund enorm wachsenden Frachtverkehrs auf den Weltmeeren. In den vergangenen 25 Jahren ist dieser jährlich durchschnittlich um mehr als zehn Prozent gestiegen. Es gibt auf diesem Markt derzeit keine günstigen Einstiegspreise mehr, Branchenkenner erwarten in den kommenden Jahren sogar einen Preisrutsch, weshalb inzwischen bei Neueinstiegen minimale Chancen großen Risiken gegenüberstehen.Neben den wirtschaftlichen Aussichten lockt viele Anleger die bevorzugte Behandlung durch den Fiskus, da sie **noch** von Verlustzuweisungen profitieren, die mit anderen Einkünften verrechnet werden. Außerdem sind die Ausschüttungen häufig steuervergünstigt. (4)

Da Indizes für Preise und Chartererträge inzwischen ein Rekordhoch erreicht haben, sind die Einstiegspreise sehr hoch. Inwieweit aber die derzeit hohen Charterraten zu halten sind, ist fraglich, schon 2008 steigt die Kapazität der weltweiten Containerflotte um 50 Prozent durch Neubauten. (4)

Die Erträge aus Schiffsbeteiligungen fließen bei den Anlegern nahezu steuerfrei. Der Finanzminister ist bei der Tonnagesteuer sehr zurückhaltend. Bei dieser wird, unabhängig vom tatsächlichen Ertrag des Schiffes nur eine geringe, pauschale Abgabe fällig, die meist nur 0,1 bis 0,2 Prozent des Ertrages beträgt.

Im Falle von Kombimodellen werden zu Beginn der Laufzeit des Fonds, z. B. für die ersten zwei Jahre Verlustzuweisungen in Höhe von etwa 30 bis 40 Prozent ausgewiesen, die mit anderen Einkünften verrechnet werden können, danach wechselt der Fonds dann zur Tonnagesteuer. Ab 2007 sind solche Kombimodelle nicht mehr zugelassen. (4)

Für Filmfonds schlägt die letzte Stunde

Filmfonds versuchen mit unterschiedlichen Varianten das Risiko für die Anleger zu reduzieren, um somit die notwendige Attraktivität zu erlangen.
Viele Anleger investieren in Filmfonds, weil Filme einfach sexy sind. Außerdem winken hohe Steuervorteile, mit denen die Anleger ihre Abgabenlast im Jahr der Beteiligung drücken können. Medienfonds bieten als einzige Produktlinie 100 Prozent verrechenbare Anfangsverluste, was bei teilweiser Fremdfinanzierung auf bis zu 190 Prozent, bezogen auf die Bareinlage, ansteigen kann. So kann die persönliche Steuerlast in die Zukunft verschoben werden.
Leider bleiben viele Filmfonds den Nachweis ihres wirtschaftlichen Erfolgs schuldig. Außerdem haben viele Fonds Ärger mit dem Fiskus. Das steuerliche

Konzept eines Filmfonds ist erst nach einer Betriebsprüfung wirklich sicher, diese erfolgt aber meist erst Jahre später. Die Politik hat darüber hinaus schon die Totenglocken für Medienfonds geläutet, auch wenn die eigentliche Beerdigung zunächst verschoben wurde. (5)

Fallbeispiele

Die Eigentümer vieler Bürotürme in Chicago sind deutsche geschlossene Immobilienfonds. Es werden gerade wieder neue Fonds aufgelegt, die aus den zu erzielenden Mieteinnahmen hohe Renditen, die außerdem zum größten Teil steuerfrei sind, versprechen. Verwundern tut diese Kapitalflucht in die USA trotzdem, da die Preise in den USA zu hoch sind.
Abgesichert werden viele dieser Fonds durch Joint Venture-Konstruktionen mit US-Partnern. Die deutschen Anleger erhalten ihre Ausschüttungen vorrangig. Sofern die jeweilige Investition besser als erwartet verläuft, profitieren die amerikanischen Partner überproportional. (2)

Die Verteuerung der weltweiten Energiepreise lässt

die Investition in Solarenergie wieder sehr attraktiv erscheinen. So werden Sonnenenergieanlagen vielleicht nicht erst in 15 Jahren wie vom Umweltminister geschätzt, sondern bereits in zehn Jahren preislich konkurrenzfähig sein.
Damit werden geschlossene Fonds für Solarenergie sehr interessant, weil aufgrund der gesetzlichen Förderung durch das Erneuerbare-Energien-Gesetz die Einnahmen aus Solaranlagen für einen Zeitraum von 20 Jahren sehr genau zu kalkulieren sind. Die Fondsanbieter versprechen Renditen von etwa sechs Prozent vor Steuern. Die Höhe dieser ist in erster Linie abhängig von der technischen Qualität der Anlage und dem Kostenmanagement des Betreibers. Nachteile dieser Fonds besteht meist darin, dass die Bindung des Kapitals für 20 Jahre festgeschrieben ist, ein früherer Ausstieg ist zu vernünftigen Preisen kaum möglich. (1)

Weiterführende Literatur

(1) Zwanzig Jahre sonnige Renditen
aus Frankfurter Allgemeine Sonntagszeitung, 04.09.2005, Nr. 35, S. 48

(2) Gotzi, Markus, US-Immobilienfonds, Zocken auf hohem Niveau, Welt am Sonntag, 04.09.2005, Nr. 36, S. 43
aus Frankfurter Allgemeine Sonntagszeitung,

04.09.2005, Nr. 35, S. 48

(3) "Viele Anleger sind in ihrer Existenz bedroht"
aus Frankfurter Allgemeine Zeitung, 02.09.2005, Nr. 204, S. 25

(4) Optimisten auf hoher See Der Markt für Schiffsbeteiligungen boomt. Charterraten und Preise erreichen Rekordhöhen. Doch viele der neuen Steuersparfonds sind überteuert und bergen Risiken. Schiffsbeteiligungen Rating
aus Capital vom 18.08.2005, Seite 74

(5) Müller, Werner, Medienfonds, Die innere Sicherheit, Focus-Money, 17.08.2005, Ausgabe 34, S. 64-65
aus Capital vom 18.08.2005, Seite 74

(6) Immobilien-Spezialfonds im Lichte unterschiedlicher Kundenbedürfnisse
aus Immobilien & Finanzierung - Der Langfristige Kredit 16 vom 15.08.2005 Seite 590

(7) Optimistische Kalkulation Filmfonds
aus Capital vom 04.08.2005, Seite 69

(8) NEUER ZUSCHNITT Die Steuerpläne der Unionsparteien zwingen Konsumenten, Investoren und Erben zum Handeln. \ Wer jetzt aktiv wird, sichert sich Steuervorteile - in Einzelfällen letztmalig. Steuerplanung 2005 Umsatzsteuer Sparfonds Veräußerungsgewinn

aus Capital vom 21.07.2005, Seite 76

(9) Gewinne hinter der Grenze Weil höhere und steuergünstige Erträge winken, investieren geschlossene Immobilienfonds im Ausland. Anleger sollten die neuen Favoriten in Europa jedoch genau prüfen. Geschlossene Immobilienfonds
aus Capital vom 07.07.2005, Seite 72

Impressum

Steuer-Sparmodelle - Investoren und Finanziers versuchen die letzten Möglichkeiten zu nutzen

Bibliografische Information der deutschen Nationalbibliothek

Die Deutsche Nationalbibliothek verzeichnet diese Publikation in der deutschen Nationalbibliografie; detaillierte bibliografische Daten sind im Internet über http://dnb.d-nb.de abrufbar.

ISBN: 978-3-7379-0442-1

© 2015 GBI-Genios Deutsche Wirtschaftsdatenbank GmbH, Freischützstraße 96, 81927 München, www.genios.de

Alle Rechte vorbehalten. Dieses Werk ist einschließlich aller seiner Teile – z.B. Texte, Tabellen und Grafiken - urheberrechtlich geschützt. Jede Verwertung außerhalb der Grenzen des Urheberrechtsgesetzes bedarf der vorherigen Zustimmung des Verlags. Dies gilt insbesondere auch für auszugsweise Nachdrucke, fotomechanische

Vervielfältigungen (Fotokopie/Mikroskopie), Übersetzungen, Auswertungen durch Datenbanken oder ähnliche Einrichtungen und die Einspeicherung und Verarbeitung in elektronischen Systemen.